소그룹 성경 공부 교재

신앙의 기본

Basics of Christian Faith

오정현 지음

열정의 비전 메이커 오정현 목사는
한 사람을 그리스도 안에서 온전한 제자로 세우는 제자훈련을 목회철학으로 삼고
'제자훈련의 국제화'와 '한국 교회 제2의 부흥'을 위해 쉬지 않고 달려가고 있다.
현재 사랑의교회 담임목사이다.

오정현 다락방 시리즈 6

신앙의 기본

Basics of Christian Faith

초판 1쇄 인쇄 2015년 8월 17일
초판 1쇄 발행 2015년 8월 25일

지은이 오정현

펴낸이 박주성
펴낸곳 국제제자훈련원
등록번호 제2013-000170호(2013년 9월 25일)
주소 서울시 서초구 효령로 68길 98 (서초동)
전화 02-3489-4300 **팩스** 02-3489-4329
이메일 dmipress@sarang.org

ISBN 978-89-5731-664-1 04230

※ 책값은 뒤표지에 있습니다. 잘못된 책은 구입하신 곳에서 교환해 드립니다.

국제제자훈련원은 건강한 교회를 꿈꾸는 목회의 동반자로서 제자 삼는 사역을 중심으로
성경적 목회 모델을 제시함으로 세계 교회를 섬기는 전문 사역 기관입니다.

오정현 다락방 시리즈 6

신앙의 기본

Basics of Christian Faith

오정현 지음

소그룹 성경 공부 교재 사용에 대하여

제자훈련의 열매는 훈련된 평신도 지도자들이 사역하는 소그룹(구역, 다락방, 셀, 목장)이라 할 수 있다. 소그룹이란 성도 간에 아름다운 사랑의 교제를 나누며, 말씀 안에서 영적으로 성숙해 가도록 서로 돕고, 믿지 않는 사람들을 초청하여 복음을 나누는 작은 단위의 공동체이다. 소그룹은 하나님의 말씀에 기초한다. 그러므로 각자의 삶을 드러낼 수 있도록 돕고, 변화되어야 할 삶의 목표를 분명하게 제시할 수 있는 좋은 교재가 마련되면 소그룹을 운영하는 데 큰 도움을 얻는다. 그러나 분주한 목회자의 입장에서는 직접 교재를 만든다는 것이 그리 쉬운 일이 아니다. 이런 어려움을 해결할 수 있도록 돕기 위해 마련된 것이 '오정현 다락방 시리즈'이다.

본 시리즈를 사용하는 데 있어 다음 몇 가지를 참고하기 바란다.

1. 이 교재는 소그룹에서 귀납적인 방법으로 성경을 공부하기 위해 만든 것이다. 즉, 성경의 가르침을 일방적으로 주입하는 대신 충분한 토의를 통해 구성원들의 생각을 먼저 정리하고 그것을 성경의 가르침과 비교하도록 구성되어 있다. 결코 해답 베껴 쓰기 식의 공부가 되지 않도록 해야 한다. 서툴더라도 자기 인식과 활발한 토의 참여로 생생한 결론이 나올 수 있도록 해야 한다. 따라서 지도자는 소그룹 환경에서 귀납적 방법으로 성경을 공부하는 것이 무엇인지를 반드시 먼저 배워야 한다.

2. 이 교재는 교역자가 매주 소그룹 지도자들을 먼저 예습시킨 다음 사용하게 해야 바람직한 효과를 기대할 수 있다. 소그룹 지도자가 공부할 내용을 충분히 이해해야 한다. 그냥 교재만 던져 주고 마음대로 사용하게 하는 것은 좋지 않다.

3. 소그룹에 참석하는 구성원들은 반드시 예습을 하도록 권장해야 한다.

4. 한 과를 공부하는 데에는 한 시간 이상이 필요하다. 그러므로 각 문제에 따라 답만 찾아보고 넘어가야 할 것과 충분한 토의를 통해 진지하게 적용할 것을 잘 구별해서 진행하는 것이 중요하다.

CONTENTS

● 서문

샘 깊은 그리스도인이 되기를

사랑의교회 제천기도동산 곁에 개천이 흐르고 있습니다. 바깥 가뭄의 소식에도 여전히 물이 세차게 흐르는 것은 수원지(水源地)에 샘 깊은 물이 있기 때문이라는 생각을 합니다. 이것을 보면서 두 종류의 그리스도인을 떠올립니다. 건조한 바람이라도 스치면 금방 도랑의 자국만 보여주는 얕은 그리스도인과 거친 세속의 사막바람에도 마르지 않는 깊은 물이 흐르는 그리스도인이 있습니다.

이 양자의 차이를 만드는 것은 무엇보다 신앙의 기본기입니다. 건강한 신앙생활의 척도는 신앙 연수, 성경 지식 혹은 교회 봉사보다는 튼실한 신앙적 기본을 얼마나 충실하게 쌓아 가느냐에 달려 있습니다. 이번 다락방 교재는 교회가 가장 중요하게 붙들어야 할 신앙의 기본을 다루고 있습니다. 한 과씩 말씀을 나눌 때마다 반석같은 신앙의 기초석이 놓여지기를 바랍니다.

생수의 근원이신 예수님께 깊이 뿌리를 내린 사람, 반석 되신 예수님께 신앙의 기초석을 쌓은 사람은 거친 세속의 바람에 흔들리거나 거짓 기갈의 유혹에 결코 넘어가지 않습니다. 매주 다락방으로 모일 때마다 가뭄에도 시냇가에 심은 나무처럼 풍성한 과실을 맺고, 비바람치는 창수에도 반석 위에 지은 집처럼 무너지지 않는 말씀의 집을 짓기 바랍니다.

사랑의교회 오정현 목사

Lesson 1

교회의 머리 되신 예수 그리스도

에베소서 1:15~23

15 이로 말미암아 주 예수 안에서 너희 믿음과 모든 성도를 향한 사랑을 나도 듣고
16 내가 기도할 때에 기억하며 너희로 말미암아 감사하기를 그치지 아니하고
17 우리 주 예수 그리스도의 하나님, 영광의 아버지께서 지혜와 계시의 영을 너희에게 주사 하나님을 알게 하시고
18 너희 마음의 눈을 밝히사 그의 부르심의 소망이 무엇이며 성도 안에서 그 기업의 영광의 풍성함이 무엇이며
19 그의 힘의 위력으로 역사하심을 따라 믿는 우리에게 베푸신 능력의 지극히 크심이 어떠한 것을 너희로 알게 하시기를 구하노라
20 그의 능력이 그리스도 안에서 역사하사 죽은 자들 가운데서 다시 살리시고 하늘에서 자기의 오른편에 앉히사
21 모든 통치와 권세와 능력과 주권과 이 세상뿐 아니라 오는 세상에 일컫는 모든 이름 위에 뛰어나게 하시고
22 또 만물을 그의 발 아래에 복종하게 하시고 그를 만물 위에 교회의 머리로 삼으셨느니라
23 교회는 그의 몸이니 만물 안에서 만물을 충만하게 하시는 이의 충만함이니라

교회는 영광스러운 그리스도의 몸입니다. 그것은 전적으로 교회의 머리 되시는 예수님이 영광스럽기 때문입니다. 예수님께서 교회의 머리가 되신다는 사실은 교회가 예수님과 완전히 유기적으로 연결된 존재라는 것입니다. 몸의 영광은 머리의 영광에서 비롯됩니다. 교회의 영광은 또한 지체의 영광입니다. 만왕의 왕이시요, 만주의 주가 되시는 예수님의 통치를 받는 교회는 세상의 어떤 단체나 조직과는 비교할 수 없는 영광과 위엄을 가지고 있습니다.

그러나 오늘날 교회는 세상에서 영광의 빛을 잃어가고 있습니다. 교회가 다시 세상에 그 영광을 발하는 것은, 지체된 우리들이 예수 그리스도가 교회의 머리라는 사실을 얼마나 확실하게 붙잡는가에 달려 있습니다. 오늘 말씀을 통해 교회의 영광은 지체들의 부족함에도 불구하고 머리 되신 예수님의 영광 때문이라는 사실에 눈이 열려야 합니다. 이 시간 그리스도의 몸 된 교회의 지체로서 우리가 이 땅에서 얼마나 영광스러운 존재인지를 다시 확인하여 거룩한 자부심으로 가슴 뛰기를 바랍니다.

말씀의 씨를 뿌리며

1. 에베소서는 사도 바울이 로마에서 가택연금형식으로 수감되어 있을 당시 에베소의 교인들에게 쓴 서신입니다. 바울은 죄수의 신분으로 감옥에 갇혀 있음에도 중보적 기도를 쉬지 않았습니다. 사도 바울이 에베소 교인들을 위해 기도할 때 특별히 그들이 무엇을 알게 해 달라고 기도했습니까?

• 17~19절

2. 에베소 교인들을 위한 사도 바울의 네 가지 기도제목은 하나의 결정적인 고리로 깊이 연결되어 있습니다. '어떻게 하면 하나님을 더 잘 알 수 있을까?', '하나님께서 우리를 부르셨던 그 소망을 굳게 붙잡는 길은 무엇일까?', '하나님께서 성도들에게 베푸시는 영광스러운 삶의 방식을 누리기 위해서는 어떻게 해야 할까?', '우리 속에 역사하시는 하나님의 능력의 풍성함을 어떻게 잘 이해할 수 있을까?' 이 네 가지 질문에 대한 대답을 생각하면서 이 모두를 묶는 결정적인 연결고리가 무엇인지 생각해 보세요.

• 20절

3. 사도 바울은 에베소 교인들을 위한 기도를 드린 후에 모든 초점을 예수님께 집중하고 있습니다. 특별히 하나님의 능력을 소개하면서 예수님께서 부활하시고 하늘 보좌에 앉으셔서 전 우주를 통치하고 계심을 웅장하게 묘사하고 있습니다. 성경은 예수님의 신적인 위엄과 범우주적 주권을 어떻게 나타내고 있는지 자신의 말로 설명해 보세요. 그리고 예수님이 이런 분이라는 사실이 당신에게 어떤 의미로 다가옵니까?

• 21~22절

4. 하나님은 예수님을 죽음에서 살리시고 하늘 보좌에 앉히셔서 전 은하계로부터 이 땅에 이르기까지 우주의 모든 것을 다스리게 하셨습니다. 예수 그리스도의 통치를 받지 않는 이름이나 권세는 하나도 없게 하셨고, 잠시만이 아니라 영원토록 그렇게 하셨습니다. 하나님께서는 이 만물의 주권자이신 예수님을 교회의 머리로 삼으셨습니다. 그리스도의 발 아래 복종하는 세상의 피조물과, 예수 그리스도가 머리 되신 교회의 지체된 성도는 어떤 차이점이 있을까요?

(참고/ 고전 12:27, 엡 4:16)

5. 교회의 존엄과 영광은 오직 우주 만물의 주재자이신 예수님께서 교회의 머리가 되신다는 사실에서 비롯됩니다. 교회가 본래의 목적인 하나님의 영광으로 충만하기 위해서 요구되는 것은 무엇입니까?

• 23절

• 골 3:16

6. 사도 바울이 우리의 눈을 열어서 밝히 보기를 원했던 것은 예수님께서 만물 위에 교회의 머리이신 것과 교회가 그의 몸이라는 사실이었습니다. 교회가 그리스도의 몸이라면 그리스도의 몸이 충만해지는 길은 그리스도의 충만함으로부터 비롯되는 것입니다. 오늘날 교회가 예수님의 은혜와 진리로 충만하지 못하다면 그 이유는 무엇이라고 생각합니까? (참고/ 마 21:13, 계 2:20)

7. 다음의 글을 읽고 예수 그리스도와 교회의 관계에 대해 자신의 말로 설명해 보세요.

> 그리스도의 신비로운 몸은 머리와 지체들이 한 본성에 속해 있기 때문에 부조화가 전혀 없습니다. 느부갓네살 왕이 꿈에 보았던 기이한 형상과는 전혀 다른 모습입니다. 느부갓네살의 꿈에 나타났

던 신상의 머리는 순금이었지만, 그 배와 넓적다리는 놋이요, 그 종아리는 철이요, 그 발의 일부는 진흙이었습니다. 그러나 우리의 머리 되신 예수 그리스도와 그 몸의 지체들인 우리는 같은 운명 공동체입니다. 머리가 택함을 받았다면 지체들도 택함을 받았습니다. 머리가 용납되었다면 지체들도 용납되었습니다. 머리가 살아있다면 지체들도 살아있습니다. 그래서 주님은 "이는 내가 살아 있고, 너희도 살아 있겠음이라"고 말씀하십니다. 그러므로 머리의 영광은 몸의 영광이요, 교회의 축복은 지체의 축복입니다.[1)]

8. 현실에 나타난 교회의 모습은 그리스도로 충만한 교회의 존엄과 영광과는 너무도 멀리 떨어져 있을 때가 있습니다. 갈등하고, 상처입고, 때로는 세속화 속에서 거룩을 잃어버리고 있습니다. 중요한 것은 그럼에도 불구하고 예수 그리스도를 구세주로 고백하는 공동체인 교회는 여전히 그리스도의 영광스러운 몸입니다. 여기에 대해 당신은 어떻게 생각하고 있습니까? 그리고 이 간격 사이에서 우리가 취해야 할 태도는 무엇입니까? (참고/ 롬 5:10, 시 100:4)

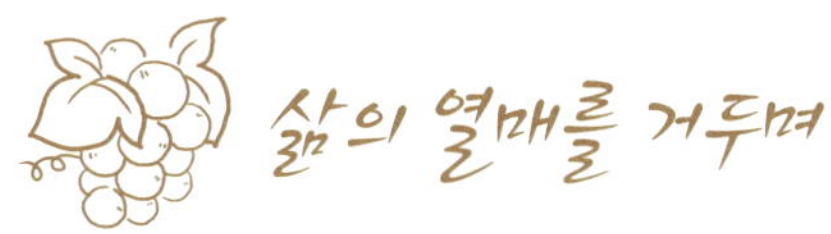

교회가 영광스러운 것은 머리 되신 예수 그리스도가 영광스럽기 때문입니다. 몸의 지체 된 우리 각자는 부족함도 있고 흠결도 있지만, 그럼에도 교회는 예수님 때문에 여전히 거룩한 영광과 존엄을 발하는 존재입니다. 우리의 부족함에도 불구하고 그의 자녀로 삼고 품어주시는 하나님 앞에 우리는 감사하며 교회의 지체로서 충성을 다해야 할 것입니다. 지금 당신은 교회의 머리 되신 예수님께 속한 영적 지체로서 거룩한 호흡을 하며 살아가고 있습니까? 아울러 우리를 통해 그리스도의 몸인 교회의 영광이 드러날 수 있도록 다짐과 헌신의 기도를 함께 올려드립시다.

Lesson 2

산 돌로 세워지는 신령한 집

베드로전서 2:1~10

1 그러므로 모든 악독과 모든 기만과 외식과 시기와 모든 비방하는 말을 버리고
2 갓난 아기들 같이 순전하고 신령한 젖을 사모하라 이는 그로 말미암아 너희로 구원에 이르도록 자라게 하려 함이라
3 너희가 주의 인자하심을 맛보았으면 그리하라
4 사람에게는 버린 바가 되었으나 하나님께는 택하심을 입은 보배로운 산 돌이신 예수께 나아가
5 너희도 산 돌 같이 신령한 집으로 세워지고 예수 그리스도로 말미암아 하나님이 기쁘게 받으실 신령한 제사를 드릴 거룩한 제사장이 될지니라
6 성경에 기록되었으되 보라 내가 택한 보배로운 모퉁잇돌을 시온에 두노니 그를 믿는 자는 부끄러움을 당하지 아니하리라 하였으니
7 그러므로 믿는 너희에게는 보배이나 믿지 아니하는 자에게는 건축자들이 버린 그 돌이 모퉁이의 머릿돌이 되고
8 또한 부딪치는 돌과 걸려 넘어지게 하는 바위가 되었다 하였느니라 그들이 말씀을 순종하지 아니하므로 넘어지나니 이는 그들을 이렇게 정하신 것이라
9 그러나 너희는 택하신 족속이요 왕 같은 제사장들이요 거룩한 나라요 그의 소유가 된 백성이니 이는 너희를 어두운 데서 불러 내어 그의 기이한 빛에 들어가게 하신 이의 아름다운 덕을 선포하게 하려 하심이라
10 너희가 전에는 백성이 아니더니 이제는 하나님의 백성이요 전에는 긍휼을 얻지 못하였더니 이제는 긍휼을 얻은 자니라

마음의 문을 열며

교회는 산 돌이신 예수님을 따르는 작은 산 돌들이 모여 세워지는 신령한 집입니다. 예수님을 믿기 전 우리는 버려진 돌이요, 아무 쓸모없는 존재였지만, 산 돌이신 예수님께로 나아간 후 하나님께서는 우리를 중요한 존재로, 불쌍히 여길 가치도 없는 존재에서 하나님의 긍휼하심을 입은 산 돌로 바꾸어 주셨습니다. 교회는 이런 산 돌들이 하나씩 쌓여 세워지는 신령한 집입니다. 세상의 건물은 아름답고 화려한 벽돌로 치장된 것을 자랑합니다. 그러나 교회는 세상적으로는 볼품없고 심지어 버려진 돌이지만 희생과 섬김과 사랑으로 다듬어진 돌들로 세워지는 것을 자랑합니다.

산 돌들이 쌓여 세워지는 교회만이 그늘지고 어려운 사람들, 살 소망의 끈마저 놓아버린 사람들, 영적으로 죽어가는 사람들을 소생시키는 생명의 터전이요, 거룩한 소망의 장소가 될 수 있습니다. 오늘 말씀을 통하여 세상적으로는 버려진 돌이요, 거친 돌 같은 우리들이 어떻게 하나님께 쓰임 받는 산 돌로 거듭나게 되었는지를 확인합시다. 또한 우리의 부족함에도 불구하고 작은 산 돌로서 하나님의 교회를 세우는 일에 귀하게 쓰임 받을 수 있다는 사실이 얼마나 놀라운지 차오르는 감격을 나누는 시간이 되기를 바랍니다.

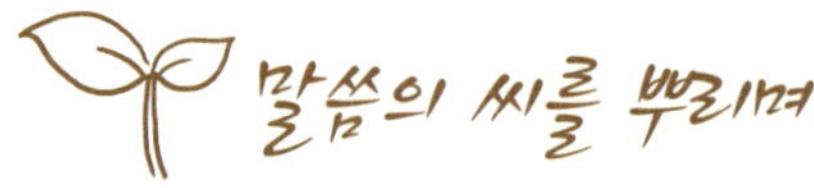

1. 베드로는 교회 공동체를 신령한 집을 짓는 것으로 비유하고 있습니다. 견고한 집을 짓기 위해서 기초가 튼튼해야 하듯이 우리의 몸으로 신령한 집을 짓기 위해서도 거룩한 기초를 다지는 영적인 작업이 필요합니다. 이것을 위해서 먼저 버려야 할 것과 사모해야 할 것은 무엇입니까?

• 1~2절

2. 예수님을 믿는다고 해서 옛 생활이 저절로 청산되는 것은 아닙니다. 여전히 우리 속에는 죄의 잔재물이 남아 있으며, 우리는 그것에 영향을 받을 수 있습니다. 베드로는 그리스도인이라면 마땅히 버려야 할 옛 생활의 악덕들을 우리에게 알려줍니다(1절). 그것이 무엇인지 자신의 말로 설명해 보세요.

• 악독

• 기만

• 외식

• 시기

• 비방

3. 교회라는 신령한 집을 짓기 위해서는 옛 생활을 벗어 버리는 것만으로는 부족합니다. 보배로운 산 돌이신 예수님께 나아가야 합니다. 베드로는 왜 성도들이 예수님께로 나아가야 한다고 말하고 있습니까?

• 5절

4. 우리는 본래 아무짝에도 쓸모없는 버려진 돌에 불과했습니다. 그러나 산 돌이신 예수님의 은혜에 힘입어 신령한 집을 짓는 귀한 재료로 쓰임받게 되었습니다. 더구나 거룩한 제사장의 소임을 할 수 있는 특권까지 주셨습니다. 그렇다면 일상에서 어떻게 사는 것이 신령한 제사를 드릴 거룩한 제사장의 소임을 다하는 것인지 구체적으로 나누어 보세요.

• 히 13:16

• 약 1:27

• 골 3:13

5. 하나님은 사람들에게 버린 바 된 예수님을 보배로운 모퉁이 돌로 삼으셨습니다. 예수님을 모퉁이 돌로 삼고 믿는 자에게 주시는 은혜는 무엇입니까? 당신은 실제적으로 삶에서 무엇을 모퉁이 돌로 여기고 있습니까? 왜 그런 것들을 인생의 모퉁이 돌로 붙잡고 있는지 이야기해 보세요.

• 6절

• 마 7:21

• 눅 19:8

6. 하나님의 집은 죽은 돌이 아니라 산 돌이 쌓여 세워집니다. 예수님을 믿음으로, 당신을 산 돌로 삼으신 하나님께서는 당신에게 4가지 신분적인 특권을 주셨습니다. 그리고 그 특권을 가지고 해야 할 사명을 주셨습니다. 우리에게 주신 특권과 사명이 무엇인지 자신의 말로 정리해 보세요. (참고/ 마 5:14)

• 9절

• 택하신 족속

• 왕 같은 제사장

• 거룩한 나라

• 하나님의 소유된 백성

7. 다음 글을 읽고 '성경적 서로'를 경험하는 것이야말로 신령한 집을 세워나가는 진정한 길임을 묵상해 봅시다.

성경에는 '서로'에 대한 진리를 말하는 구절들이 많습니다. 신약에서 '서로'라는 단어 뒤에 행동을 요구하는 동사가 따라 나오는 형태가 35회 정도 반복됩니다. '서로' 구절들을 다른 성도들과 함께 글자 그대로 경험하게 될 때, 우리는 그리스도께서 우리를 사랑하시는 그대로 살아가고 사랑할 수 있게 됩니다.
예를 들면, 우리는 예수님의 사랑은 온유하고 겸손하고 용서하는 사랑이라는 것을 알고 있습니다. 성경은 우리에게 '서로에게 인자하게 대하고'(엡 4:2), '서로에게 겸손하게 대하며'(벧전 5:5), '서로 용서함으로'(골 3:13)와 같은 성품들을 보여 주라고 권면하고 있습니다. '서로'에 대한 이런 성경 구절들을 찾아보는 것을 통해 하나님의 뜻, 즉 우리가 가족과 친구와 우리 주변의 세상과 함께 그분의 말씀을 경험하는 것을 기뻐하신다는 사실을 더욱 선명하게 알게 됩니다.[2]

'세상적 서로'의 중심에는 내가 있다면 '성경적 서로'의 중심에는 예수님이 있습니다. 그러기에 성경적 서로를 더 많이 경험할수록 '나의 집'이 아니라 '하나님의 신령한 집'이 우리 가운데 세워지게 되는 것입니다.

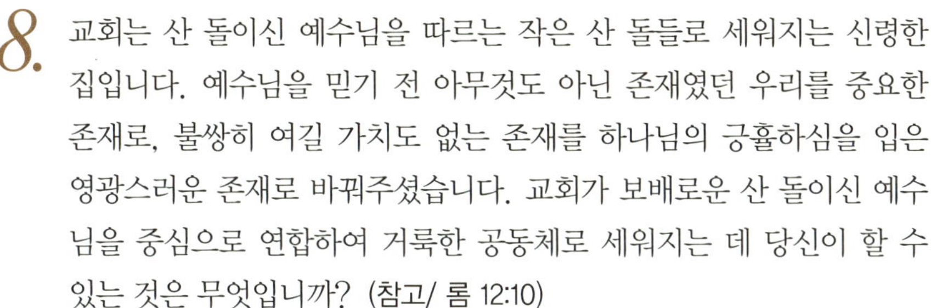

8. 교회는 산 돌이신 예수님을 따르는 작은 산 돌들로 세워지는 신령한 집입니다. 예수님을 믿기 전 아무것도 아닌 존재였던 우리를 중요한 존재로, 불쌍히 여길 가치도 없는 존재를 하나님의 긍휼하심을 입은 영광스러운 존재로 바꿔주셨습니다. 교회가 보배로운 산 돌이신 예수님을 중심으로 연합하여 거룩한 공동체로 세워지는 데 당신이 할 수 있는 것은 무엇입니까? (참고/ 롬 12:10)

삶의 열매를 거두며

세상으로부터 버려진 거친 돌이었던 우리를 왕 같은 제사장으로 선택하시고, 거룩한 공동체를 세우는 데 쓰임 받게 하신 것은 일생의 감격이 아닐 수 없습니다. 쓸모 없는 나를 예수님의 보혈로 녹이고 다듬으셔서 사용하시는 그 은혜를 생각하며, 어떻게 하면 예수님의 작은 산 돌로서 거룩한 공동체를 세우는 데 기여할 수 있을지 구체적인 결단의 기도를 드립시다.

Lesson 3

우리는 한 성령으로 한 몸이 되었습니다

고린도전서 12:12~27

12 몸은 하나인데 많은 지체가 있고 몸의 지체가 많으나 한 몸임과 같이 그리스
도도 그러하니라
13 우리가 유대인이나 헬라인이나 종이나 자유인이나 다 한 성령으로 세례를 받
아 한 몸이 되었고 또 다 한 성령을 마시게 하셨느니라
14 몸은 한 지체뿐만 아니요 여럿이니
15 만일 발이 이르되 나는 손이 아니니 몸에 붙지 아니하였다 할지라도 이로써
몸에 붙지 아니한 것이 아니요
16 또 귀가 이르되 나는 눈이 아니니 몸에 붙지 아니하였다 할지라도 이로써 몸
에 붙지 아니한 것이 아니니
17 만일 온 몸이 눈이면 듣는 곳은 어디며 온 몸이 듣는 곳이면 냄새 맡는 곳은
어디냐
18 그러나 이제 하나님이 그 원하시는 대로 지체를 각각 몸에 두셨으니
19 만일 다 한 지체뿐이면 몸은 어디냐
20 이제 지체는 많으나 몸은 하나라
21 눈이 손더러 내가 너를 쓸 데가 없다 하거나 또한 머리가 발더러 내가 너를 쓸
데가 없다 하지 못하리라
22 그뿐 아니라 더 약하게 보이는 몸의 지체가 도리어 요긴하고
23 우리가 몸의 덜 귀히 여기는 그것들을 더욱 귀한 것들로 입혀 주며 우리의 아
름답지 못한 지체는 더욱 아름다운 것을 얻느니라 그런즉
24 우리의 아름다운 지체는 그럴 필요가 없느니라 오직 하나님이 몸을 고르게 하
여 부족한 지체에게 귀중함을 더하사
25 몸 가운데서 분쟁이 없고 오직 여러 지체가 서로 같이 돌보게 하셨느니라
26 만일 한 지체가 고통을 받으면 모든 지체가 함께 고통을 받고 한 지체가 영광
을 얻으면 모든 지체가 함께 즐거워하느니라
27 너희는 그리스도의 몸이요 지체의 각 부분이라

마음의 문을 열며

고린도 교회의 가장 큰 문제 중의 하나는 하나 되지 못한 것이었습니다. 각 그룹은 자신이 선택한 지도자만 따르고, 은사는 이기적으로 사용하며, 몸 전체의 건강이나 사역을 돌보지 않았습니다. 그러나 예수님을 주로 고백하는 신자와 교회는 본질적으로 한 몸입니다. 오늘 말씀을 통해서 왜 그리스도인은 다양성 속에서도 하나가 되어야 하는지를 나눌 것입니다.

우리 모두는 죄성을 가진 인간입니다. 그러하기에 예수님을 믿어도 전혀 다른 배경을 가지고 있는 형제, 자매의 성격이나 속성을 있는 그대로 인정하고 그들과 함께하는 것이 쉽지 않습니다. 예수님도 이것을 잘 아셨기에 제자들이 하나 되도록 기도하셨습니다(요 17:11). 또한 이것은 우리 힘만으로는 불가능함을 아시기에 보혜사 성령님을 보내주셨습니다. 이 시간 성령님께 자신을 내어드려 성령의 하나 되게 하시는 능력을 힘입기를 바랍니다.

1. 세상적인 기준으로는 상호 모순되고 하나 될 수 없어 보이지만, 예수님을 믿으면 혈연, 지연, 나이, 성별, 지위와 상관없이 한 몸이 되는 이유는 무엇입니까?

• 13절b

• 엡 4:4

2. 모든 그리스도인은 예수님의 몸인 교회에 속한 지체들입니다. 예수님 안에서 한 몸 된 지체들은 모두 성정이 다르고 역할이 다릅니다. 하지만 서로 다르다는 것이 결코 다른 지체를 외면할 이유가 되지 못함을 성경은 어떻게 표현하고 있습니까?

• 15~17절

3. 몸의 지체 중에서는 더 약해 보이는 곳이 있고, 덜 귀해 보이는 곳이 있을 수 있습니다. 그러나 주님의 몸 된 교회에 속한 그리스도인에게는 지체간에 더 귀하거나 천한 것이 있을 수 없습니다. 그 이유는 무엇입니까?

• 18절

• 23절

4. 우리는 자신도 모르게 세상적인 관습에 길들여져 교회 내에서도 기능적 차이나 역할적 차이를 가지고 어떤 것은 더 귀하고 어떤 것은 덜 귀하다고 판단하기도 합니다. 당신이 볼 때 교회에서 이러한 잘못을 범하는 사례가 있다면 함께 이야기해 보세요. 또한 당신에게는 이런 경향이 없습니까? (참고/ 약 2:1~4)

5. 주님의 몸 된 지체로서 우리 각자가 분쟁이 없고 온전히 하나 되기 위해 무엇을 해야 합니까? 그리고 그 이유는 무엇입니까?

- 25~26절

- 겔 36:26

- 엡 4:1~3

6. 당신이 어려움으로 고통받고 있을 때 함께 슬퍼해주고, 기쁜 일이 있을 때 진심으로 즐거워해준 지체가 있습니까? 더불어 당신이 다른 지체의 고통과 기쁨을 한 마음으로 나눴던 경험이 있다면 이야기해 봅시다.
(참고/ 롬 12:15, 고후 8:1~2)

7. 다음 글을 읽고 성령님의 도우심으로 서로 다른 지체가 어떻게 하나 되는지 묵상해 봅시다.

> 하나의 인격체가 어떻게 다른 인격체 안으로 들어갈 수 있을까? 솔직히 말해서 우리는 잘 모른다. 하지만 몇 백 년 전의 경건서적 작가들이 즐겨 사용했던 비유를 생각해보면 이 질문에 어느 정도

답할 수 있을 것이다. 그 비유는 다음과 같다.

"쇳조각을 불에 넣고 석탄을 넣어 더 세게 불을 일으킨다. 처음에는 쇳조각과 불이라는 두 가지 물질이 존재한다. 그러나 시간이 흐를수록 이 두 가지 물질 사이에는 침투 작용이 일어난다. 쇳조각이 불 안에 있을 뿐만 아니라 불이 쇳조각 안에 있게 된다. 처음에는 별개의 물질이던 것들이 서로 섞이고 상호 침투하여 결국 하나가 되는 것이다."

이 비유는 성령님이 어떻게 우리의 영 안으로 침투하시는지를 이해할 수 있도록 도와준다. 성령님이 우리 안에 들어와 거하신다 할지라도 우리는 계속 우리 자신으로 남는다. 우리의 자아가 파괴되는 것이 아니라는 말이다. 성령님이 우리 안에 거하실지라도 성령님은 하나님이시고, 우리는 계속 인간이다. 그러나 한 가지 새로운 사실이 생겨난다. 그것은 성령님의 내주를 통하여 우리가 하나님과 하나가 되는 체험을 한다는 것이다.[3]

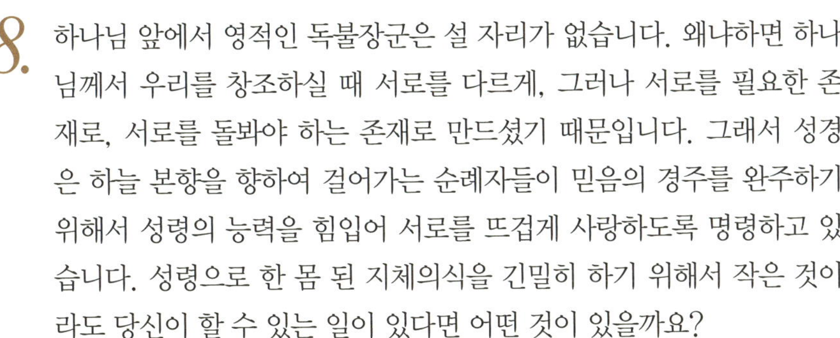

8. 하나님 앞에서 영적인 독불장군은 설 자리가 없습니다. 왜냐하면 하나님께서 우리를 창조하실 때 서로를 다르게, 그러나 서로를 필요한 존재로, 서로를 돌봐야 하는 존재로 만드셨기 때문입니다. 그래서 성경은 하늘 본향을 향하여 걸어가는 순례자들이 믿음의 경주를 완주하기 위해서 성령의 능력을 힘입어 서로를 뜨겁게 사랑하도록 명령하고 있습니다. 성령으로 한 몸 된 지체의식을 긴밀히 하기 위해서 작은 것이라도 당신이 할 수 있는 일이 있다면 어떤 것이 있을까요?

• 고전 16:17~18

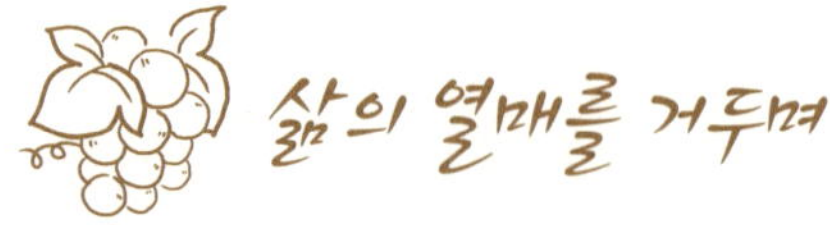

사실 예수님을 믿어도 성격이나 생활 방식, 취향 등이 자신과 전혀 다른 사람들을 사랑하고 섬기는 것은 결코 쉬운 일이 아닙니다. 이것은 우리 속에 성령께서 역사하실 때에만 온전히 가능한 것입니다. "성령으로 말미암아 우리 모두는 불완전하고 조각난 우리 삶에 작별을 고했고, 그동안 저마다 독립적으로 자기 삶을 책임지던 우리가 하나의 같은 샘-성령-을 마실 때에만 새 힘을 얻어 살아갈 수가 있습니다." 우리는 성령으로 거듭난 사람들입니다. 그러므로 성령을 먹고 마심으로 영적인 한 몸 된 지체의식을 더욱 깊이 가질 수 있기를 바랍니다. 어떻게 하면 당신이 한 몸 된 지체의식을 더욱 높일 수 있는지 구체적인 실천 방안을 이야기해 보세요.

Lesson 4

당신은 성령의 열매를 맺고 있습니까?

갈라디아서 5:16~26

16 내가 이르노니 너희는 성령을 따라 행하라 그리하면 육체의 욕심을 이루지 아니하리라
17 육체의 소욕은 성령을 거스르고 성령은 육체를 거스르나니 이 둘이 서로 대적함으로 너희가 원하는 것을 하지 못하게 하려 함이니라
18 너희가 만일 성령의 인도하시는 바가 되면 율법 아래에 있지 아니하리라
19 육체의 일은 분명하니 곧 음행과 더러운 것과 호색과
20 우상 숭배와 주술과 원수 맺는 것과 분쟁과 시기와 분냄과 당 짓는 것과 분열함과 이단과
21 투기와 술 취함과 방탕함과 또 그와 같은 것들이라 전에 너희에게 경계한 것 같이 경계하노니 이런 일을 하는 자들은 하나님의 나라를 유업으로 받지 못할 것이요
22 오직 성령의 열매는 사랑과 희락과 화평과 오래 참음과 자비와 양선과 충성과
23 온유와 절제니 이같은 것을 금지할 법이 없느니라
24 그리스도 예수의 사람들은 육체와 함께 그 정욕과 탐심을 십자가에 못 박았느니라
25 만일 우리가 성령으로 살면 또한 성령으로 행할지니
26 헛된 영광을 구하여 서로 노엽게 하거나 서로 투기하지 말지니라

마음의 문을 열며

그리스도인이 성령의 열매를 맺으며 산다는 것은 신앙생활에서 대단히 중요한 의미를 가지고 있습니다. 신자의 건강도는 그 사람이 얼마나 특별한 재능이나 은사를 가지고 있느냐에 달려있지 않고, 매일의 삶에서 얼마나 성령의 열매를 맺으며 사느냐로 결정되기 때문입니다. 무성한 잎을 자랑했지만 열매 없는 무화과 나무를 저주하신 예수님의 모습은(마 21:19) 신자들에게 깊은 교훈을 줍니다.

과실수의 가치는 무성한 잎사귀에 있는 것이 아니라 풍성한 열매를 맺는 데 있습니다. 신앙인의 진가(眞價)도 교회 내에서 화려한 언변으로 나타나는 것이 아니라, 보이지 않는 자리에서도 성령의 열매를 튼실히 맺는 것에서 드러납니다. 당신은 매일의 삶에서 성령의 열매를 맺고 있습니까? 성령의 열매는 내가 예수님 안에 뿌리를 내리고 있다는 것을 보여주는 가장 분명한 증거입니다. 오늘 말씀의 거울 앞에 자신을 비춰보아 자신의 진면목을 살피고, 부족한 부분을 성령께 의탁하는 시간이 되기를 바랍니다.

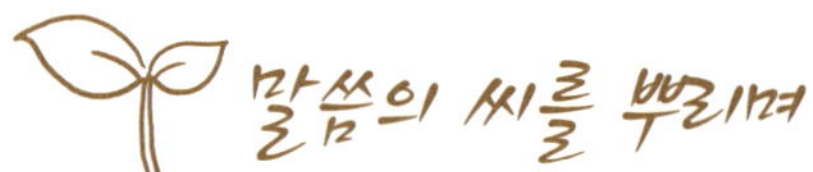

말씀의 씨를 뿌리며

1. 육체의 욕심을 따라 행동했을 때 저지르게 되는 죄악들에는 어떤 것들이 있으며 그 결과는 무엇입니까?

- 19~21절

- 롬 8:13a

2. 성령을 따라 행동했을 때 맺게 되는 열매는 무엇이며 그 결과는 어떠합니까?

• 22~23절

• 롬 8:13b

3. 성경은 육체의 소욕과 성령의 소욕 사이에 공통분모가 없다고 분명히 말씀합니다. 그러나 우리의 삶을 낱낱이 들여다보면 육체를 따라 행동하기도 하고, 성령을 따라 행동하기도 하는 마치 회색지대를 걷는 듯한 삶의 양상을 보입니다. 당신의 일상의 삶은 어떤 성향이 더 짙은지 솔직히 나누어 보세요.

• 롬 7:21~23

4. 24절 말씀을 보면, 그리스도인이란 어떤 사람이라고 정의하고 있습니까? 이 정의에 따르면 당신은 참된 그리스도인이라고 자신 있게 이야기할 수 있습니까? (참고/ 갈 2:20)

• 24절

5. 성령의 열매를 맺는 것을 방해하는 요소 중 하나는 율법적인 삶입니다. 율법 아래에 있다는 말은 율법이 지배하는 경직된 삶이요, 자기 의를 드러내는 것을 말합니다. 그러므로 자기 의에 갇혀 있는 사람, 자기 의로 다른 사람을 판단하고 정죄하는 사람은 성령의 열매를 맺을 수 없습니다. 자기 의에 갇혀 사는 사람의 예를 생각해보고 이것이 주는 잘못된 파괴력에 대해서 나누어 봅시다. (참고/ 막 3:4~5, 행 14:19)

• 26절

6. 사탄은 언제나 우리의 가장 약한 부분을 공격합니다. 육체의 소욕 중에 당신에게 특별히 약한 것이 있다면 무엇입니까? 성령의 열매를 맺기 위해서는 육체의 소욕을 십자가에 못 박아야 하는데, "그 정욕과 탐심을 십자가에 못 박는다"는 것이 삶의 현장에서 어떻게 실천될 수 있을까요? (참고/ 살전 5:22)

• 16절

• 엡 5:18

7. 다음 글을 읽고, 부족한 인생이라도 능히 성령의 열매를 맺을 수 있다는 사실을 묵상해 봅시다.

> 교회에서 전기 실험을 한 적이 있다. 감전으로 목숨을 잃고 싶지 않아 박사 학위를 가진 과학자 한 분을 초빙했다. 우리는 불을 끄고 오이 피클에 전선을 연결한 채 전기를 흘려 보냈다. 그러자 피

클이 빛나기 시작했다. 글을 읽을 수 있을 정도는 아니었지만, 수천 명이 가득 찬 실내를 밝힐 만큼 분명히 빛을 발하고 있었다.

하나님이 피클에 빛을 발하게 하실 수 있다면, 당신을 통해 무엇을 하실 수 있을까? 당신이 무능하다고 느낄 때도 한낱 피클조차 전류에 연결되기만 하면 빛을 발할 수 있다는 사실을 기억하라.

잊지 말라. "멕시코 만류도 지푸라기를 통해 흐를 수 있다. 그 지푸라기가 멕시코 만류와 함께 흘러가기만 한다면…"

우리 생각이 성령의 열매를 맺는다면, 곧 누군가에게 사랑을 표현하고 내면의 기쁨을 만끽하며 삶의 평화로움을 확신한다면 이것은 성령의 흐름의 결과다. 따라서 내가 해야 할 일은 우리 자신을 전도체(傳導體)로 내어 드리는 것뿐이다. 그분이 원하시는 그대로 말이다.[4)]

8. 그리스도인의 진가는 성령의 풍성한 열매를 맺는 데 있습니다. 그렇다면 자신이 성령의 열매를 맺는지 무성한 가지뿐인 인생인지 어떻게 알 수 있을까요? 다음 네 가지를 질문해 보세요. 주변 사람들이 당신의 말과 행동으로 인해 하나님을 더 사랑합니까? 교회를 더 사랑합니까? 복음을 더 사랑합니까? 형제를 더 사랑합니까? 여기에 대해 그렇다고 대답할 수 있으면 당신은 성령의 열매를 맺고 있는 사람입니다. 그렇지 않다면 당신이 성령님과 연결되어 있는지 자신을 돌아보아야 합니다. 위의 네 가지 질문에 비춰 당신은 성령의 열매를 맺으며 살고 있습니까?

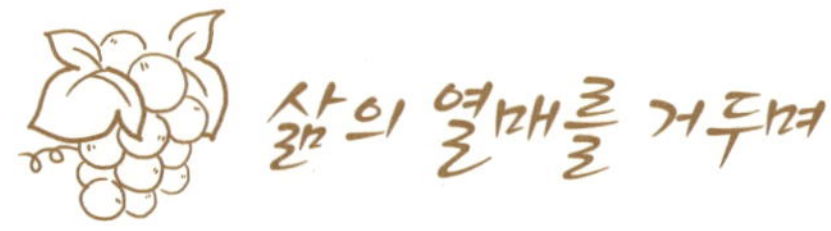

모든 그리스도인은 성령으로 거듭났습니다. 그런 면에서 우리는 태생적으로 성령의 사람이라고 할 수 있습니다. 그럼에도 불구하고 삶의 현장에서는 성령의 열매를 드러내지 못할 때가 많습니다. 그것은 우리가 육체의 소욕을 십자가에 못 박지 못하기 때문에 일어나는 일입니다. 죄성을 가지고 이 땅에 살아가는 한 그 누구라도 육체의 소욕에서 자유로울 사람은 없습니다. 사도 바울의 고백처럼 날마다 죽는 길 외에는 다른 방도가 없습니다. 우리가 어떻게 하면 죄에 대해서 날마다 죽노라는 고백을 할 수 있을까요? 성령님께 의탁하는 것입니다. 진정한 의탁은 자신을 내어놓는 의지적인 순종이 수반되어야 합니다. 육신의 소욕을 쳐서 복종시키는 의지적인 노력은 시간을 떼어서 말씀을 읽고, 기도를 하는 것부터 시작할 수 있습니다. 이것을 위해 결단하는 진실한 기도를 올려 드립시다.

Lesson **5**

하나님 아버지의 심정을 깨달읍시다

누가복음 15:11~24

11 또 이르시되 어떤 사람에게 두 아들이 있는데
12 그 둘째가 아버지에게 말하되 아버지여 재산 중에서 내게 돌아올 분깃을 내게
주소서 하는지라 아버지가 그 살림을 각각 나눠 주었더니
13 그 후 며칠이 안 되어 둘째 아들이 재물을 다 모아 가지고 먼 나라에 가 거기
서 허랑방탕하여 그 재산을 낭비하더니
14 다 없앤 후 그 나라에 크게 흉년이 들어 그가 비로소 궁핍한지라
15 가서 그 나라 백성 중 한 사람에게 붙여 사니 그가 그를 들로 보내어 돼지를
치게 하였는데
16 그가 돼지 먹는 쥐엄 열매로 배를 채우고자 하되 주는 자가 없는지라
17 이에 스스로 돌이켜 이르되 내 아버지에게는 양식이 풍족한 품꾼이 얼마나 많
은가 나는 여기서 주려 죽는구나
18 내가 일어나 아버지께 가서 이르기를 아버지 내가 하늘과 아버지께 죄를 지었
사오니
19 지금부터는 아버지의 아들이라 일컬음을 감당하지 못하겠나이다 나를 품꾼의
하나로 보소서 하리라 하고
20 이에 일어나서 아버지께로 돌아가니라 아직도 거리가 먼데 아버지가 그를 보
고 측은히 여겨 달려가 목을 안고 입을 맞추니
21 아들이 이르되 아버지 내가 하늘과 아버지께 죄를 지었사오니 지금부터는 아
버지의 아들이라 일컬음을 감당하지 못하겠나이다 하나
22 아버지는 종들에게 이르되 제일 좋은 옷을 내어다가 입히고 손에 가락지를 끼
우고 발에 신을 신기라
23 그리고 살진 송아지를 끌어다가 잡으라 우리가 먹고 즐기자
24 이 내 아들은 죽었다가 다시 살아났으며 내가 잃었다가 다시 얻었노라 하니
그들이 즐거워하더라

마음의 문을 열며

흔히 탕자의 비유로 알려진 본문은 교인들은 물론 불신자들에게도 널리 알려진 이야기입니다. 그러기에 섣부르게 다루고 피상적으로 이해하는 면도 있습니다. 본문은 예수님께서 공생애 때 말씀하신 비유 중에서 가장 긴 내용을 담고 있습니다. 그만큼 예수님께서 우리에게 들려주시고자 하신 깊은 의도가 숨겨져 있다고 할 수 있습니다.

이 본문의 주제는 돌아온 아들이 아니라 기다리는 아버지요, 탕자의 회개가 아니라 이미 용서하신 아버지의 심정입니다. 오늘 말씀을 통해서 그의 자녀를 향한 아버지의 심장 속으로 들어가 그 뜨거운 마음을 깊이 경험할 수 있기 바랍니다. 우리를 위해 독생자 예수님까지 내어주신 하나님 아버지께 접붙이기만 하면, 우리를 지금도 애타게 기다리시는 하나님 아버지의 사랑에 눈이 열리기만 하면, 우리 인생의 여행가방은 전혀 다르게 정리될 것이며, 이전과는 다른 삶을 살 수 있을 것입니다.

1. 둘째 아들이 아버지에게 요구한 것은 무엇이며, 그가 이렇게 한 이유는 무엇이라고 생각합니까?

• 12~13절

2. 당시의 관습으로 보면 생존해 있는 아버지에게 재산을 요구하는 것은 마치 아버지를 죽은 자처럼 대하는 불효 막심한 태도였습니다. 자기의 상속분을 미리 요구하는 둘째 아들의 반항적인 행위에 아버지는 어떻게 반응합니까? (참고/ 신 21:18~21)

• 12절b

• 롬 1:28

3. 아버지에게서 자신의 몫인 재물을 받아 타국으로 떠난 둘째 아들은 허랑방탕한 나날을 보냈습니다. 가진 재산을 모두 탕진한 후 아들이 얼마나 어려운 처지에 있는지를 보여주는 단어들을 연결해 보세요. 그 때 그가 깨달은 것은 무엇입니까?

• 14~17절

4. 아버지는 집으로 돌아오는 아들을 어떻게 맞이하고 있습니까? 방탕한 아들을 품는 아버지의 심정을 성경은 어떻게 나타내고 있습니까?

• 20절

5. 탕자를 맞이하는 아버지는 단지 그를 아들로서 받아들이는 수준에서 그치지 않았습니다. 아버지는 아들의 신분과 지위를 완전히 회복시키고 있습니다. 탕자를 회복시키는 아버지의 모습 가운데 당신의 마음에 가장 와닿는 것은 무엇입니까? 당신은 당신의 아버지로부터, 혹은 당신의 자녀에게 이러한 아버지의 심정을 경험하거나 보여주고 있습니까?

• 22~24절

6. 허랑방탕하게 살다가 구제불능의 밑바닥 인생으로 전락해버린 둘째 아들의 겉모습은 당신과는 전혀 상관없어 보일지 모릅니다. 그러나 상황을 영적인 관점으로 바라보면 이야기는 달라집니다. 지난 한 주간 당신은 영적 건강을 위해 무엇을 했습니까? 혹시 말씀을 읽지도, 깨달은 말씀에 순종하지도, 기도를 한 적도 없다면 이미 당신은 탕자의 굶주림보다 더 심각한 영적인 허기를 겪고 있는 것입니다. 오히려 이러한 영적인 굶주림을 의식조차 하지 못하고 있다는 점에서 자신의 극한 처지를 자각하였던 탕자보다 더 위험한 상황에 놓여 있다고 생각할 수 있습니다. 당신은 영적 허기를 어떻게 채우고 있습니까?

(참고/ 시 143:4~6, 요 6:35)

7. 다음 글을 읽고 하나님 아버지의 마음을 묵상해 봅시다.

> 죄인에 대한 문제라면 하나님은 그냥 팔 벌리고 서서 "이리 오라"고 말씀만 하시지 않는다. 줄곧 서서 기다리신다. 탕자의 아버지가 그랬던 것처럼. 아니다. 그분은 서서 기다리시지 않는다. 찾아나서신다. 목자가 잃은 양을, 여인이 잃어버린 동전을 찾아나선 것처럼. 그분은 가신다. 아니다. 그분은 이미 가셨다. 그 어떤 목자나 여인보다 무한히 먼 길을. 진정 그분은 하나님 신분에서 인간 신분이 되기까지 무한히 먼 길을 가셨다. 그렇게 죄인들을 찾아오신 것이다. 그분은 건강한 자가 아니라 병든 자, 의인이 아니라 불의한 자를 위해 오셨다. 자기를 배반한 자-특히 가장 필요로 할 때 자기를 버린 제자들-를 대할 때도 그분은 사랑에 애타는 아버지였다.[5)]

8. 탕자를 향한 아버지의 마음은 우리를 향한 하나님 아버지의 마음이라 할 수 있습니다. 그 누구라도 과거의 삶이 어떠했든지 깨닫고 돌이키기만 하면 하나님은 탕자를 맞이한 아버지 이상으로 맞아 주십니다. 우리에게 가장 좋은 옷을 입히시고, 그의 자녀의 신분임을 확증하는 가락지를 끼우시며 하늘의 천군 천사들과 함께 그 기쁨을 나누십니다. 어떻게 하면 이런 하나님 아버지의 심정을 더 잘 누리며 살 수 있을지 서로의 생각을 나누어 봅시다.

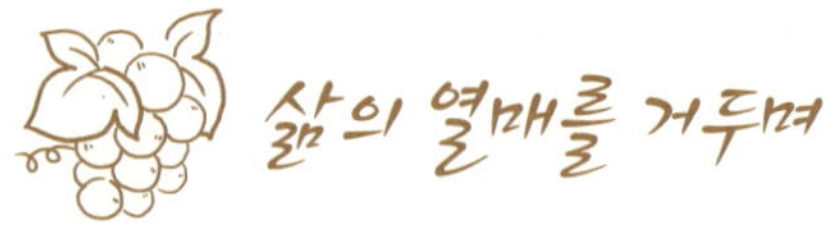

돌아온 아들에 대한 아버지의 사랑은 세상의 그 무엇과도 바꿀 수가 없습니다. 세상이 아무리 그럴듯한 이유를 들어서 불효한 아들을 내치도록 권하여도 아들을 품는 아버지의 마음은 조금도 요동하지 않습니다. 오히려 세상을 향해 말합니다. "적어도 내게 속한 사람들이라면 그 누구라도 집 나간 아들을 찾은 지금은 마땅히 함께 기뻐하고 즐거워해야 한다."(32절) 세상의 그 무엇도 끊을 수 없는 하나님 아버지의 사랑에 감사하며, 이제는 하나님 아버지의 마음을 아프게 하지 않겠다는 결심의 기도를 드립시다.

Lesson 6

하나님 아버지의 마음으로 형제를 사랑합니다

요한일서 4:7~21

7 사랑하는 자들아 우리가 서로 사랑하자 사랑은 하나님께 속한 것이니 사랑하는 자마다 하
나님으로부터 나서 하나님을 알고
8 사랑하지 아니하는 자는 하나님을 알지 못하나니 이는 하나님은 사랑이심이라
9 하나님의 사랑이 우리에게 이렇게 나타난 바 되었으니 하나님이 자기의 독생자를 세상에
보내심은 그로 말미암아 우리를 살리려 하심이라
10 사랑은 여기 있으니 우리가 하나님을 사랑한 것이 아니요 하나님이 우리를 사랑하사 우리
죄를 속하기 위하여 화목 제물로 그 아들을 보내셨음이라
11 사랑하는 자들아 하나님이 이같이 우리를 사랑하셨은즉 우리도 서로 사랑하는 것이 마땅
하도다
12 어느 때나 하나님을 본 사람이 없으되 만일 우리가 서로 사랑하면 하나님이 우리 안에 거
하시고 그의 사랑이 우리 안에 온전히 이루어지느니라
13 그의 성령을 우리에게 주시므로 우리가 그 안에 거하고 그가 우리 안에 거하시는 줄을 아
느니라
14 아버지가 아들을 세상의 구주로 보내신 것을 우리가 보았고 또 증언하노니
15 누구든지 예수를 하나님의 아들이라 시인하면 하나님이 그의 안에 거하시고 그도 하나님
안에 거하느니라
16 하나님이 우리를 사랑하시는 사랑을 우리가 알고 믿었노니 하나님은 사랑이시라 사랑 안
에 거하는 자는 하나님 안에 거하고 하나님도 그의 안에 거하시느니라
17 이로써 사랑이 우리에게 온전히 이루어진 것은 우리로 심판 날에 담대함을 가지게 하려
함이니 주께서 그러하심과 같이 우리도 이 세상에서 그러하니라
18 사랑 안에 두려움이 없고 온전한 사랑이 두려움을 내쫓나니 두려움에는 형벌이 있음이라
두려워하는 자는 사랑 안에서 온전히 이루지 못하였느니라
19 우리가 사랑함은 그가 먼저 우리를 사랑하셨음이라
20 누구든지 하나님을 사랑하노라 하고 그 형제를 미워하면 이는 거짓말하는 자니 보는 바
그 형제를 사랑하지 아니하는 자는 보지 못하는 바 하나님을 사랑할 수 없느니라
21 우리가 이 계명을 주께 받았나니 하나님을 사랑하는 자는 또한 그 형제를 사랑할지니라

사랑이 범람하고 있습니다. 그러나 물이 넘치는 홍수 속에서 오히려 마실 물을 찾기 어렵듯이 세상은 갈급증 환자처럼 진실한 사랑을 갈구하고 있습니다. 세상이 사랑으로 해갈되지 못하는 이유는 진정한 사랑이신 하나님을 경험하지 못했기 때문입니다. 이런 점에서 사랑의 완전체인 십자가의 온전한 사랑을 경험한 그리스도인들만이 세상에 사랑을 내어줄 수 있는 원천이라고 할 수 있습니다.

'보이는 형제를 사랑하지 못하는 자는 결코 보이지 않는 하나님을 사랑할 수 없다'는 사실은 성경이 보여주는 진리입니다. 우리가 여전히 형제를 사랑하지 못하는 진짜 이유는 자신의 기질이나 의지의 문제 이전에 하나님의 진실한 사랑을 아직 온전히 경험하지 못했기 때문이라고 할 수 있습니다. 그리스도의 사랑으로 우리의 메마른 심령이 다시 눈물지으며, 하나님 아버지의 마음으로 형제와 자매를 이해하고 용서하며 뜨겁게 사랑하는 자리로 나아갈 수 있기를 바랍니다.

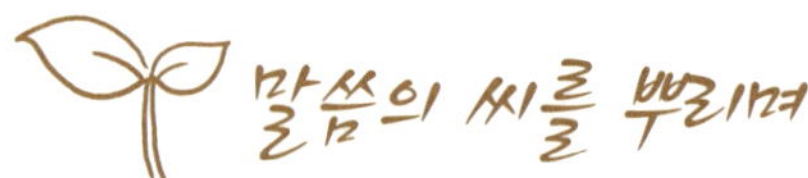

1. 우리가 하나님을 먼저 사랑한 것이 아니라 하나님께서 우리를 먼저 사랑하셨습니다. 그렇다면 하나님은 무엇으로 우리에 대한 자신의 사랑을 증거하셨습니까?
   - 9~10절

2. 사도 요한은 하나님께서 십자가 대속의 사랑으로 우리를 사랑하셨기 때문에 우리가 서로 사랑하는 것이 마땅하다고 말합니다. 그리스도인들이 서로를 사랑해야 하는 구체적인 이유를 풀어서 설명해 보세요. (참고/ 요일 3:23~24)

• 7절

• 12절

3. 하나님의 사랑이 우리 안에 거하시는 것을 어떻게 알 수 있습니까?

• 13절

• 15~16절

4. 우리를 향한 하나님의 사랑은 세상이 주는 사랑과는 태생적으로나 질적으로 전혀 다릅니다. 성경에서 말씀하시는 하나님의 사랑을 살펴보세요.

• 18절

• 요 3:16

• 롬 5:8

• 롬 8:37~39

5. 하나님 안에 거하는 삶, 예수님을 하나님의 아들로 시인하는 삶, 성령님을 모시고 살아가는 삶은 모두 같은 뜻이며, 이 모두는 하나님이 사랑이심을 드러내는 삶과 직결되어 있습니다. 우리가 삶 속에서 하나님이 사랑이심을 드러내는 가장 최선의 길은 무엇입니까? (참고/ 요 13:35)

• 12절

6. 형제의 아픔을 내 것으로 여기고, 자신의 소중한 것을 내어놓는 것은 하나님 아버지의 사랑을 경험하고, 그것을 거룩한 습관으로 만들 때에만 지속적으로 가능합니다. 아무리 가진 것이 많아도 거룩한 습관을 가지지 못하면 인색할 수 밖에 없는 것이 재물의 중력이요, 속성입니다. 어떻게 형제를 위해서 진실함으로 내어놓는 사랑을 실천할 수 있을까요? 형제의 아픔을 보고도 자신의 것을 내어 놓지 못하는 이유는 무엇이라고 생각합니까? (참고/ 딤후 3:2~5, 요일 3:16~18)

7. 다음 글을 읽고 "서로 사랑하라"는 예수님의 명령을 깊이 묵상해 봅시다.

제롬(Jerome)이라는 초대 교회의 한 저술가는 요한에 대한 다음과 같은 이야기를 전해준다.
요한은 나이가 많이 들어서도 에베소 교회를 지도했는데 그가 너무 늙어 사람들이 옆에서 그를 부축해 주어야 했을 정도였다. 사람들은 이 위대한 사도로부터 말씀 듣기를 갈망했는데, 그때 그는 "자녀들아 서로 사랑하라"는 말만 되풀이했다. 사람들이 그에게 왜 같은 말만 되풀이하느냐고 묻자, 그는 "왜냐하면 이것이 주의 명령이기 때문이다. 서로 사랑하면 그것으로 충분하다"라고 대답했다.[6]

8. 우리가 이 땅에서 하나님의 사랑을 힘입어 사는 것을 증명하는 길은 형제를 사랑하는 것에 있습니다. 형제 사랑이 바로 하나님 사랑입니다. 하지만 많은 그리스도인들이 눈에 보이지 않는 하나님은 사랑할 수 있어도 눈에 보이는 이웃은 사랑하기 힘들다고 토로합니다. 우리가 어떤 상황에도 불구하고 형제를 사랑하는 유일한 길은 큰 빚을 탕감받은 종의 심정을 깨닫고 은혜를 절감하는 데 있습니다. 우리가 일상에서 어떻게 하면 하나님께 빚진 자의 심정을 가지고 긍휼의 마음을 품고 살아갈 수 있을지 진솔하게 이야기해 봅시다. (참고/ 마 18:32~35)

• 20절

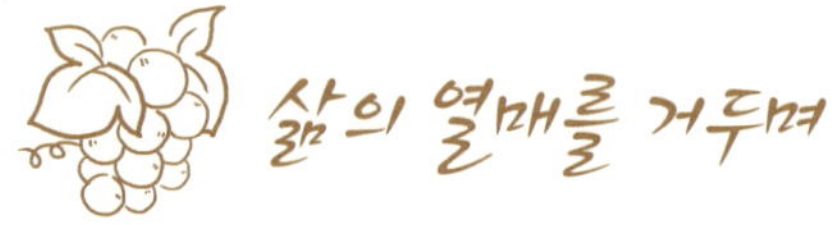

형제를 사랑하지 않는 사람은 하나님을 사랑하는 사람이 아닙니다. 형제 사랑에서 중요한 것은 사랑의 주체가 내가 아니라는 사실입니다. 하나님께서 우리를 먼저 사랑하셨기 때문에 우리는 그 사랑에 힘입어 사랑하는 것입니다. 이것은 달이 밤길을 인도하는 것이 태양의 빛을 받아서 반사하는 것에 지나지 않는 것과 같습니다. 형제 사랑에 대한 이러한 자각이 결여되면 그 사랑은 인간적으로 퇴락하며 결국은 자기 자랑과 공로의식의 부패한 냄새를 풍길 수밖에 없습니다. 주변의 형제를 향하여 우리의 마음이 열리지 않는다면 하나님의 사랑을 경험함으로 형제 사랑의 한계를 돌파해야 합니다. 우리를 위해 독생자를 기꺼이 내어주신 하나님 아버지의 심정으로 형제를 이해하고 용서하며 뜨겁게 사랑하는 자리로 나아갈 수 있기를 바랍니다. 형제 사랑이 부족한 자신을 돌아보고, 성령님께서 하나님 아버지의 심정으로 형제를 사랑할 수 있는 능력을 주시도록 기도드립시다.

Lesson 7

당신은 날마다 예수님을 닮아가고 있습니까?

에베소서 5:1~14

1 그러므로 사랑을 받는 자녀 같이 너희는 하나님을 본받는 자가 되고
2 그리스도께서 너희를 사랑하신 것 같이 너희도 사랑 가운데서 행하라 그는 우리를 위하여 자신을 버리사 향기로운 제물과 희생제물로 하나님께 드리셨느니라
3 음행과 온갖 더러운 것과 탐욕은 너희 중에서 그 이름조차도 부르지 말라 이는 성도에게 마땅한 바니라
4 누추함과 어리석은 말이나 희롱의 말이 마땅치 아니하니 오히려 감사하는 말을 하라
5 너희도 정녕 이것을 알거니와 음행하는 자나 더러운 자나 탐하는 자 곧 우상 숭배자는 다 그리스도와 하나님의 나라에서 기업을 얻지 못하리니
6 누구든지 헛된 말로 너희를 속이지 못하게 하라 이로 말미암아 하나님의 진노가 불순종의 아들들에게 임하나니
7 그러므로 그들과 함께 하는 자가 되지 말라
8 너희가 전에는 어둠이더니 이제는 주 안에서 빛이라 빛의 자녀들처럼 행하라
9 빛의 열매는 모든 착함과 의로움과 진실함에 있느니라
10 주를 기쁘시게 할 것이 무엇인가 시험하여 보라
11 너희는 열매 없는 어둠의 일에 참여하지 말고 도리어 책망하라
12 그들이 은밀히 행하는 것들은 말하기도 부끄러운 것들이라
13 그러나 책망을 받는 모든 것은 빛으로 말미암아 드러나나니 드러나는 것마다 빛이니라
14 그러므로 이르시기를 잠자는 자여 깨어서 죽은 자들 가운데서 일어나라 그리스도께서 너에게 비추이시리라 하셨느니라

마음의 문을 열며

그리스도인의 본질은 예수님을 닮아가는 것입니다. 예수님을 닮는다는 것은 1세기 유대 문화 속에 사셨던 예수님의 외형적 모습처럼 샌들을 신고 길게 늘어진 겉옷을 입는 것을 의미하지 않습니다. 누구도 예수님의 신체적 특징을 모르기 때문에 이것은 불가능한 일입니다. 또한 예수님의 삶의 외형적 과정을 본받아 30세까지 목수일을 하고, 이후 3년간 세상을 순회하며 다니는 것을 의미하지 않습니다. 혹은 '예수님이라면 어떻게 하셨을까'라는 생각을 하면서 그대로 따르는 것도 의미하지 않습니다. 자칫하면 자신의 주관적 추측을 진리처럼 여기는 오류를 범할 수도 있기 때문입니다. 그렇다면 과연 21세기를 살아가는 우리가 1세기에 사셨던 예수님을 닮는다는 것은 무엇을 의미하는 것일까요? 오늘 말씀을 통하여 진정으로 예수님을 닮는 것이 무엇이며, 어떻게 하는 것이 삶의 현장에서 작은 예수로 살아가는 것인지 배울 수 있기를 바랍니다.

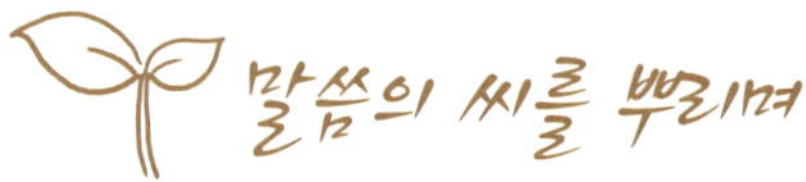

말씀의 씨를 뿌리며

1. 하나님께서 그의 백성된 자녀들에게 원하시는 삶은 무엇입니까?

• 1절

• 요 13:15

• 엡 4:24

2. 본문 1절에서의 '본받는 자'는 '모방자'라는 뜻이 있습니다. 사도 바울은 우리 눈에 보이지 않는 하나님을 본받으라는 대전제를 제시한 후, 구체적으로 어떻게 하는 것이 하나님을 본받는 것인지 알려주고 있습니다. 첫 번째 방법은 무엇이며, 왜 이것을 가장 먼저 언급했을까요?
(참고/ 롬 13:10)

• 2절

3. 이제 사도 바울은 더 구체적으로 하나님을 본받는 두 번째 방법을 제시합니다. 그 방법은 어둠에 속한 악덕들을 모두 버리라는 것입니다. 특히 본문은 성도의 삶에 있어서 언어생활에 대해 단호하게 말씀하고 있습니다. 그리스도인의 언어생활은 어떠해야 하며, 성도의 언어가 예수님을 닮아가는 결정적 상징이 되는 이유는 무엇입니까?

• 3~4절

• 마 12:34b

• 잠 18:21

• 약 3:10~11

4. 사도 바울은 하나님을 본받는 세 번째 방법으로 '빛의 열매'를 맺을 것을 권고합니다. 빛의 열매란 무엇이며 어떻게 실천할 수 있을까요? (참고/ 갈 5:22~23)

• 8~9절

• 요 15:5

5. 그리스도인이 누군가를 칭찬할 때 가장 명예로운 표현은 '예수님 같다'일 것입니다. 누군가를 '예수님 같다'라고 이야기할 때 그의 어떤 면모를 보고 말하는 것일까요? 당신의 주위에서나 간접적으로 알게 된 '예수님 같은' 분이 있으면 소개해 보고, 그들 가운데 있는 공통적 특징이 무엇인지 다음 구절들을 참고해서 정리해 보세요.

• 마 15:32

• 요 13:4~5

• 눅 23:34

6. 예수님을 닮는 삶은 예수님을 믿으면 저절로 이루어지는 것이 아닙니다. 성경은 우리에게 믿음과 순종으로 반응하라고 말씀하고 있습니다. 그러나 우리가 온전히 예수님을 닮아가기 위해서는 반드시 성령의 역사가 수반되어야 합니다. 만일 우리가 하나님의 은혜를 깨닫지 못하고 성령의 능력을 의지하지 않는다면 우리가 예수님을 닮으려는

의지는 작심삼일에 불과할 것입니다. 왜 그런지 다음 구절들을 통해서 살펴보세요.

• 롬 7:18

• 롬 7:23

• 갈 5:16

7. 다음 글을 읽고, "예수님을 닮는다는 것은 예수님의 심장을 소유하며 살아가는 것"이라는 말을 생각해 봅시다.

로버트 드 브루스. 그는 스코틀랜드를 해방시킨 왕으로 1329년 54세의 나이로 죽었다. 죽기 직전 그는 친구 더글라스에게 이렇게 유언을 남겼다. "내 심장을 몸에서 떼어 내, 이 심장만이라도 십자군 원정에 동행하게 해주게나" 그 후로부터 더글라스는 방부 처리한 '왕의 심장'을 상자에 넣어 목에 걸고 다녔다. 그러고는 모든 전투에서 "네 왕의 심장을 위해 싸우라"라고 외쳤다. 십자군 전쟁은 비극이었다. 그러나 이 이야기는 내 안에 깊숙한 곳에 숨어 있던 근원적인 갈망을 일깨워준다. "왕을 따르라", "왕 되신 예수 그리스도의 심장을 위해 싸우라" 하나님께 속한다는 것, 그분을 닮아간다는 것은 그분의 심장을 소유하는 것이다. 모든 것을 버리고 "나를 따르라"는 예수님의 부르심에 응답한 사람 안에는 "나 대신 예수님의 심장으로 살아가라"고 외치는 음성이 있다.[7]

8. 마하트마 간디는 "나는 그리스도인이 되지 않고서도 그리스도를 닮을 수 있기를 원한다"고 했습니다. 예수님을 인격적인 유일무이한 구세주로 믿지 않고서도 예수님을 닮는 것이 가능할까요? 또한 삶의 현장에서 예수님을 닮기 위해 지금 당신이 실천할 수 있는 것은 무엇이 있을까요?

• 8절

삶의 열매를 거두며

예수님을 닮아가는 작은 예수로 살아간다는 것은 단순히 제자훈련의 과정을 수료함으로 얻어지는 것이 아닙니다. 아무리 제자훈련 과정을 이수하여 말씀을 잘 알고 사람들의 마음에 감동을 줄 만큼 기도를 유창하게 한다고 해도 그 속에 구부러진 마음이 있다면, 형제에 대한 미움과 증오를 밑바닥에 깐 채 공의의 이름으로 비판과 정죄의 칼날을 휘두른다면, 말과 혀로만 사랑을 이야기할 뿐이라면, 훈련받지 않았지만 형제의 아픔에 마음을 같이하고 예수님의 이름으로 소자에게 물 한 잔을 내어주는 것이 훨씬 낫습니다. 지금 당신은 작은 예수로서 살아가고 있습니까?

Lesson 8

예수님을 증거하는 삶

사도행전 20:17~27

17 바울이 밀레도에서 사람을 에베소로 보내어 교회 장로들을 청하니
18 오매 그들에게 말하되 아시아에 들어온 첫날부터 지금까지 내가 항상
여러분 가운데서 어떻게 행하였는지를 여러분도 아는 바니
19 곧 모든 겸손과 눈물이며 유대인의 간계로 말미암아 당한 시험을 참고
주를 섬긴 것과
20 유익한 것은 무엇이든지 공중 앞에서나 각 집에서나 거리낌이 없이 여
러분에게 전하여 가르치고
21 유대인과 헬라인들에게 하나님께 대한 회개와 우리 주 예수 그리스도
께 대한 믿음을 증언한 것이라
22 보라 이제 나는 성령에 매여 예루살렘으로 가는데 거기서 무슨 일을
당할는지 알지 못하노라
23 오직 성령이 각 성에서 내게 증언하여 결박과 환난이 나를 기다린다
하시나
24 내가 달려갈 길과 주 예수께 받은 사명 곧 하나님의 은혜의 복음을 증
언하는 일을 마치려 함에는 나의 생명조차 조금도 귀한 것으로 여기지
아니하노라
25 보라 내가 여러분 중에 왕래하며 하나님의 나라를 전파하였으나 이제
는 여러분이 다 내 얼굴을 다시 보지 못할 줄 아노라
26 그러므로 오늘 여러분에게 증언하거니와 모든 사람의 피에 대하여 내
가 깨끗하니
27 이는 내가 꺼리지 않고 하나님의 뜻을 다 여러분에게 전하였음이라

마음의 문을 열며

성경을 읽다 보면 자신도 모르게 가슴이 젖고 눈시울이 뜨거워지는 장면들이 있습니다. 오늘 본문이 그러합니다. 여기에는 사도 바울의 피보다 뜨겁고 진한 한 생애가 고스란히 담겨 있습니다. 구절마다 바울의 혈관에 흐르고 있는 복음에 대한 사랑과 헌신, 눈물과 열정이 가득차 있습니다. 본문은 수십 번, 수백 번 읽어도 읽을 때마다 읽는 이의 가슴을 거룩한 격정으로 고동치게 합니다. 예수님을 증거하는 삶이 과연 어떠해야 하는지 복음의 제물로 자신을 드렸던 한 제자의 삶을 통해 살펴보기를 원합니다. 다시 한 번 우리에게 맡겨진 복음의 무게와 영광과 감격을 뜨겁게 체화하는 시간이 되기를 바랍니다.

말씀의 씨를 뿌리며

1. 사도 바울은 복음전도의 바쁜 일정 때문에 에베소를 재방문하지 못하고 에베소 교회 장로들을 밀레도로 초청하여 유언적인 고별설교를 하였습니다. 그는 에베소 지역에서 하나님의 복음전도자로서 어떤 자세로 사람들을 대하였습니까?

• 18~19절

2. 사도 바울이 복음을 전할 때에 에베소 사람들에게 보여준 겸손과 눈물과 인내 속에 담긴 의미를 다음 구절들을 통해 살펴보세요.

• 겸손 (마 11:29)

• 눈물 (마 23:37)

• 인내 (히 12:2)

3. 사도 바울은 하나님의 일꾼으로 어떻게 말씀을 전했습니까? 복음을 전할 때 시간과 장소에 제한을 받았는지, 사람을 차별하였는지, 그리고 말씀의 내용은 무엇인지 세 가지 관점에서 살펴보세요.

• 20~21절

4. 사도 바울은 복음을 전할 때 시간과 장소를 가리지 않고, 사람을 차별하지 않았습니다. 그가 전한 복음의 내용은 온전히 하나님께 대한 회개와 예수 그리스도를 믿는 것에 관한 것이었습니다. 이러한 바울의 복음전파 모범은 오늘날 우리가 어떻게 복음을 전해야 하는지 선명한 거울이 되고 있습니다. 바울과 비교해 볼 때 당신의 복음전도 태도에서 부족한 부분은 무엇이며, 그것이 어려운 이유는 무엇이라고 생각합니까?

5. 복음전도의 길은 결코 넓은 길이 아닙니다. 때로는 수치와 면박을 당하기도 하고, 심지어 죽음까지도 각오해야 하는 일입니다. 사도 바울이 죽음의 위험을 알면서도 복음전도의 길을 주저함 없이 갔던 이유는 무엇입니까?

• 22~24절

6. 바울은 자신의 사명은 예수님께로부터 받았고, 그 사명은 은혜의 복음을 증거하는 것이라고 확신했습니다. 그러하기에 그는 사명을 위해서 자기 생명까지도 기꺼이 내어 놓았습니다. 당신은 그리스도의 제자로서 이런 선명한 사명을 가지고 있습니까? 그리스도인으로서 마땅히 가져야 할 복음에 대한 열정이 부족하다면 그 이유는 무엇인지, 삶 속에서 복음을 증거하는 일에 어느 정도의 가치와 우선순위를 두고 있는지 생각해 봅시다.

• 롬 14:8

• 딤후 4:2

7. 다음 글을 읽고, 복음을 전하기 위해 전도대상자에게 얼마나 가까이 다가가야 하는지 생각해 봅시다.

> 내 자동차에 기름을 넣는 주유소 직원, 식당의 종업원, 현금 계산원, 내 앞에서 차를 몰고 가는 운전사, 짖어대는 개를 기르는 이웃, 술에 취한채 옆자리에 앉아있던 불쾌한 사람, 나와 다른 세계

관을 가지고 직장에서 일하는 남자… 이 사람들 역시 하나님께 소중한 사람들입니다. 인종, 월급, 교육수준, 종교의 유무나 종류에 관계없이 하나님께는 동일하게 그들이 소중합니다. 그러한 태도를 가지고 사람들을 바라보기 시작할 때 사람들에 대한 당신의 태도는 혁신적으로 바뀔 것입니다. 나와는 너무도 다른, 심지어 때로는 함께 하고 싶지 않은 사람들에게 어떻게 복음을 전할 수 있을까요? 하나님은 우리가 복음을 전염시키는 그리스도인이 되기 원하십니다. 어떻게요? 그들이 병에 걸렸다면, 당신도 그 병에 옮을 만큼 충분히 그들에게 가까이 가지 않고서는 결코 복음을 전염시키는 신자가 될 수 없을 것입니다.[8)]

8. 26절에서 사도 바울은 "모든 사람의 피에 대하여 내가 깨끗하니"라고 고백하고 있습니다. 이것이 우리에게 도전하는 바는 무엇입니까? 그리고 가족과 이웃의 피에 대하여 깨끗하기 위해서 당신은 지금 어떤 일부터 시작할 수 있습니까? (참고/ 고전 9:16)

• 26절

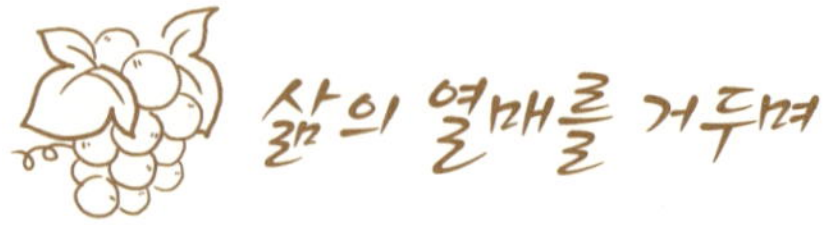

"모든 사람의 피에 대하여 내가 깨끗하다" 하는 사도 바울의 도전은 우리에게 복음전도의 무한책임을 보여주고 있습니다. 우리는 어떻습니까? 우리 주변의 가족, 형제, 동료, 이웃에게 그리스도인으로서 그들의 생명에 대해서 나는 깨끗하다고 선언할 만큼 복음전도의 책무를 다하고 있습니까? 복음을 전할 때 사도 바울처럼 시간과 장소에 제한받지 않고, 사람을 구별하지 말고 복음을 전합시다. 선명한 복음을 가지고 전할 수 있도록 복음전도의 각오를 새롭게 하며 하늘의 지혜와 용기를 구하는 기도를 함께 드립시다.

Lesson 9

함께 교제하며
함께 성장하는 공동체

로마서 15:1~7

1 믿음이 강한 우리는 마땅히 믿음이 약한 자의 약점을 담당하고 자기를 기쁘게 하지 아니할 것이라
2 우리 각 사람이 이웃을 기쁘게 하되 선을 이루고 덕을 세우도록 할지니라
3 그리스도께서도 자기를 기쁘게 하지 아니하셨나니 기록된 바 주를 비방하는 자들의 비방이 내게 미쳤나이다 함과 같으니라
4 무엇이든지 전에 기록된 바는 우리의 교훈을 위하여 기록된 것이니 우리로 하여금 인내로 또는 성경의 위로로 소망을 가지게 함이니라
5 이제 인내와 위로의 하나님이 너희로 그리스도 예수를 본받아 서로 뜻이 같게 하여 주사
6 한마음과 한 입으로 하나님 곧 우리 주 예수 그리스도의 아버지께 영광을 돌리게 하려 하노라
7 그러므로 그리스도께서 우리를 받아 하나님께 영광을 돌리심과 같이 너희도 서로 받으라

그리스도인은 태생적으로 혼자일 수 없습니다. 예수 믿는 것 자체가 예수님과의 교제를 전제로 하고 있습니다. 예수님께서는 제자들을 부르신 후 그들을 결코 혼자 두지 않으셨습니다. 신자의 삶에서 홀로 신앙은 존재할 수 없습니다. 교회는 그리스도안에서 한 몸 된 지체가 서로에게 필요한 도움을 주고 받으면서 세워지고 자라는 것입니다.

개인주의를 미화시키고 있는 현대의 풍조는 이처럼 함께 교제하며 성장하는 것을 달갑게 여기지 않습니다. 개인주의를 심화시키는 문화현상 속에는 사탄의 치밀한 전략이 숨겨져 있습니다. 진정한 신앙 공동체는 독립적이고 자립심을 가진 사람들만으로 채워진 모임이 아닙니다. 혼자서도 신앙생활을 잘 한다고 하는 사람들의 밑바닥에는 외고집과 자기 의가 짙게 자리잡고 있음을 알아야 합니다.

그리스도인의 교제는 세상의 친목을 넘어서는 것입니다. 십자가의 사랑에 기초한 희생의 바퀴와 섬김의 바퀴가 없이는 제대로 굴러갈 수 없습니다. 오늘 말씀을 통해서 신앙 공동체 안에서 함께 교제하며 성장하는 것이 믿는 자에게 주어진 하나님 자녀의 특권임을 깨달을 수 있기를 바랍니다.

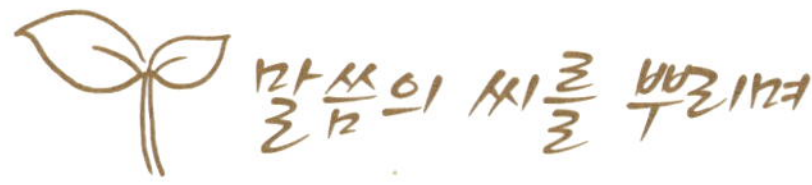

1. 성경은 믿음이 강한 자가 믿음이 약한 자의 '약점을 돌보고 서로 형제를 기쁘게 하라'라고 말씀합니다. 그 이유는 무엇이며, 믿음이 강한 자로 여겨지는 자가 가질 수 있는 함정은 무엇이라고 생각합니까? (참고/ 마 8:17, 롬 12:5)

• 1~3절

• 롬 14:1

2. 신앙 공동체는 모든 것이 갖춰져 있고 조금도 모자람이 없는 에덴 동산 같은 낙원도, 죄의 못된 영향력이 사라지고 선과 의의 공기로만 충만한 곳도 아닙니다. 세상에 발을 딛고 있기에 여전히 온갖 상처로 고통하고 신음하는 소리가 나며, 여러가지 채워져야 할 부족함을 가지고 있습니다. 이러한 공동체를 건강하게 세워 나가기 위해서 필요한 것은 무엇입니까?

• 4절

• 딤후 3:16~17

3. 우리가 신앙 공동체 속에서 좌절하지 않고 인내하며 소망을 갖기 위해서 가장 필요한 것은 하나님의 말씀을 통해 힘을 얻는 것입니다. 우리가 바쁜 시간을 쪼개어 세상으로 가는 발걸음을 돌려 소그룹에 참여해서 말씀과 기도를 나누는 이유가 여기에 있습니다. 당신에게 소그룹은 어떤 의미이며, 공동체 생활을 하는 데 얼마나 힘이 되고 있는지 나누어 봅시다.

4. 신앙 공동체의 모임은 결코 세상의 친목단체와 같을 수 없습니다. 우리 소그룹의 목적은 예수님을 닮아가는 것입니다. 그리고 영적인 이인삼각(二人三脚)이 되어 연약한 자와 함께 동행하면서 서로의 성장을 격려하고 주님 만나는 그날까지 서로를 세워주는 데 있습니다. 우리가 이렇게 하기 위해서 가장 우선적으로 취해야 할 태도는 무엇입니까?

• 5~6절

• 갈 6:2

5. 7절의 말씀은 신앙 공동체를 건강하게 세우는 일에 특별히 중요한 말씀입니다. "그러므로 그리스도께서 우리를 받아 하나님께 영광을 돌리심과 같이 너희도 서로를 받으라"는 말씀을 자신의 말로 풀어서 써 보세요.

• 7절

6. "서로를 받는다"는 것은 서로에게 헌신하는 것을 말합니다. 성경은 서로에게 헌신한다는 것을 어떻게 말씀하고 있으며, 어떤 자세를 가질 때 실천 가능할까요?

• 잠 17:17

• 마 18:21~22

• 눅 6:38

• 빌 2:5

7. 다음 글을 읽고, 형제를 진정으로 사랑하고 섬기기 위해 구해야 할 것이 무엇인지 묵상해 봅시다.

> 가슴이 차가워도 할 수 있는 것이 바로 '아가페'의 사랑이다. '아가페'의 사랑은 의지적인 사랑이다. 결단하고 행동하는 것이다. 마음을 가지고 저울질하는 사랑이 아니라 하나님이 명령하시니까 싫든 좋든 감정이 있든 없든 간에 행동으로 옮기는 그런 사랑이다. 이와 같은 사랑은 가만히 앉아 있으면 자동적으로 되는 것이 아니다.
>
> 그야말로 생명을 걸다시피 결단하고, 행동에 옮기는 사람만이 감히 이 사랑을 흉내라도 낼 수 있다. 우리가 그렇게 하기 위해서는 하나님이 주시는 '카도스'(kathos, "내가 너희를 사랑한 것 같이"에서 '같이'의 헬라어, 요 15:12)의 은혜가 있어야 된다. 하나님이 나를 얼마나 사랑해 주셨는가를 아는 그 은혜가 있을 때만이 우리

가 이 사랑을 실천할 수 있다. 그러므로 우리가 진정 고민해야 할 것은 사랑하지 못하는 것이 아니라 은혜가 부족한 것이다. 우리는 우리 자신에게 하나님의 사랑을 아는 '카도스'의 은혜가 부족한 것을 놓고 고민해야 한다. 우리는 은혜를 받은 만큼 사랑할 수 있다. 하나님의 사랑을 아는 것 만큼 형제를 사랑할 수 있다.[9)]

8. 하나님은 우리 모두를 다르게 만드셨습니다. 성격도 다르고, 살아온 환경도 다르고, 생활 습관도 다르고, 부모 형제도 다릅니다. 그렇기 때문에 자신과 다른 사람을 인정하고 받아들인다는 것은 말처럼 쉬운 일이 아닙니다. 공동체 생활에서 '저 사람의 다른 것은 다 이해하겠는데 이것만은 도저히 이해할 수 없다', '저 사람의 이런 저런 방식은 도무지 받아들일 수 없다'고 생각하는 것들이 있으면 함께 이야기해 봅시다. 또한 개인적으로 이런 차이를 창조적인 영적 시너지로 만들었던 경험이 있다면 그 비결을 나누어 봅시다. (참고/ 고전 3:6~7)

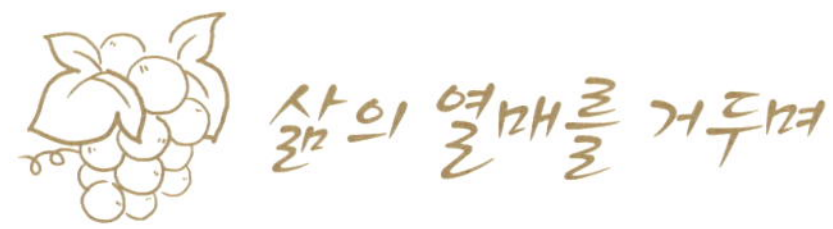

함께 교제하며 성장하기 위해서는 의도적인 노력, 결심이 반드시 요구됩니다. 소그룹에 참여하고, 공예배를 드리고, 기도 모임에 참석해야 하는 이유가 여기에 있습니다. 고립적인 신앙생활은 결국 물 가에서 멀리 떨어져 심기운 나무처럼 언젠가는 메마르고 선한 영향력을 미치지 못하는 존재로 전락하게 됩니다. 믿음이 강한 자는 약한 자와 함께 영적인 이인삼각(二人三脚)을 이루어야 합니다. 이미 예수님께서 우리를 위해서 이렇게 하셨고 지금도 우리를 위해서 중보하고 계십니다. 우리 각자에게 주어진 독특한 은사가 자신과 다른 형제의 부족함을 채우고 사랑의 공동체를 세우는 영적인 시너지가 되고 있습니까? 아니면 다른 사람과 나를 더욱 구별하는 공동체의 걸림돌이 되지는 않습니까?

Lesson **10**

하나님이 찾으시는 예배자

요한복음 4:19~26

19 여자가 이르되 주여 내가 보니 선지자로소이다
20 우리 조상들은 이 산에서 예배하였는데 당신들의 말은 예배할 곳이 예
루살렘에 있다 하더이다
21 예수께서 이르시되 여자여 내 말을 믿으라 이 산에서도 말고 예루살렘
에서도 말고 너희가 아버지께 예배할 때가 이르리라
22 너희는 알지 못하는 것을 예배하고 우리는 아는 것을 예배하노니 이는
구원이 유대인에게서 남이라
23 아버지께 참되게 예배하는 자들은 영과 진리로 예배할 때가 오나니
곧 이 때라 아버지께서는 자기에게 이렇게 예배하는 자들을 찾으시느
니라
24 하나님은 영이시니 예배하는 자가 영과 진리로 예배할지니라
25 여자가 이르되 메시야 곧 그리스도라 하는 이가 오실 줄을 내가 아노
니 그가 오시면 모든 것을 우리에게 알려 주시리이다
26 예수께서 이르시되 네게 말하는 내가 그라 하시니라

마음의 문을 열며

사람의 제일 되는 목적은 하나님을 영화롭게 하고 하나님을 영원토록 즐거워하는 것입니다. 이것이 하나님께서 인간을 창조하신 이유입니다. 그런데 인간은 아담의 타락 이후로 영적 기억상실증에 걸려 존재의 목적을 모르고 살아가고 있습니다. 우리가 예수님을 믿고 새로운 피조물이 된 이후 가장 큰 본질적 변화는 예배하는 존재로 거듭났다는 데 있습니다.

예배는 이 땅에서 예수 믿는 자만이 누리는 가장 특별한 은혜입니다. 홀로 있을 때에 자기도 모르게 찬송을 읊조리면서 심령의 무릎을 꿇는 그 영적 희열을 세상의 무엇으로 바꿀 수 있을까요? 나아가 하나님의 자녀들이 함께 모여 예배를 드릴 때에 하나님은 그 곳에 임재할 것을 약속하셨습니다.

오늘 말씀을 통해서 예배에 대한 우리의 시각이 바르게 교정되고, 지체들과 함께 드리는 예배의 영광에 눈을 뜸으로 이 땅에서 천국의 은혜를 경험하는 참된 예배자가 되시길 바랍니다.

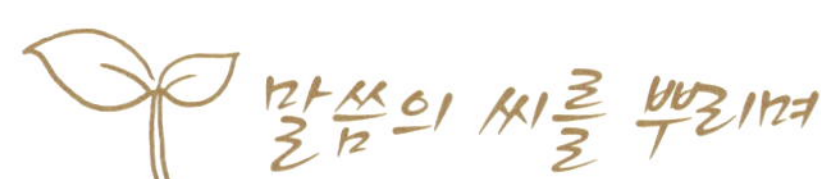

말씀의 씨를 뿌리며

1. 사마리아 여인이 자신의 죄에 눈을 뜨자 가장 먼저 무엇에 관심을 가졌습니까?

• 20절

2. 진정으로 자신의 죄악된 몰골을 보게 된 사람은 하나님을 찾게 됩니다. 자신의 추한 모습에 눈을 뜬 사마리아 여인 역시 하나님을 찾고 있습니다. 그런데 이 여인은 예배에 대해서 그릇된 편견에 사로잡혀 있었습니다. 그것이 무엇입니까? 그리고 이런 편견을 가진 이유는 무엇이라고 생각합니까?

• 20~21절

3. 예수님은 사마리아 여인의 예배에 대한 잘못된 시각을 어떻게 교정하고 있습니까? 특히 21절에서 너희가 장소에 제한받지 않고 예배할 때가 이른다고 말씀하셨는데, 이것이 의미하는 바는 무엇이라고 생각합니까?

• 21절

• 마 27:51

• 히 10:19~20

4. 하나님을 참되게 예배하기 위해서는 어떻게 예배를 드려야 합니까?

• 24절

• 롬 12:1

• 요 14:6

5. 24절의 "하나님은 영이시니 예배하는 자가 영과 진리로 예배할지니라"는 말씀을 당신의 말로 풀어서 설명해 보세요. 당신이 생각하는 영과 진리로 예배하는 자의 모습은 어떤 모습입니까? 또한 당신이 하나님을 예배할 때 영과 진리로 예배하는 것을 방해하는 것은 무엇입니까? (참고/ 사 1:11, 마 5:23~24, 눅 10:39~42)

6. 성경은 함께 하나님을 예배하라고 여러 번 권면하고 있습니다. 그의 자녀들이 함께 모여서 한 마음으로 예배 드릴 때, 하나님께서 어떻게 역사 하십니까?

• 시 149:1

• 마 18:20

• 왕상 8:11

7. 다음 글을 읽고, 함께 예배 드릴 때 누리는 은혜를 나누어 보세요.

우리가 다른 믿는 자들과 함께 예배드릴 때, 우리는 우리 자신과 우리 자신의 문제들 너머의 것들을 볼 수 있게 됩니다. 뛰어난 저술가였던 C. S. 루이스는 함께 예배 드리는 것의 중요성에 관한 질문을 받자, 자신이 처음으로 공예배에 참석했던 경험에 대해 말했습니다. "나는 그들이 부르는 찬양을 아주 싫어했다. 그들의 찬송은 저급한 가사에 더 저급한 곡을 붙인 것처럼 보였다. 그러나 계속해서 예배에 참석하면서 나는 그들이 함께 부르는 찬송의 귀한 면을 발견하게 되었다. 그리고 점점 나의 편견의 껍질은 벗겨지기 시작했다. 건너편 좌석에 앉은 한 늙은 그리스도인이 고무장화를 신은 채, 온 몸과 마음과 열정을 다해 그 저급한 찬송을 부르고 있는 것을 목격하게 되었다. 그 순간 나는 그 고무장화를 깨끗이 씻을 만한 자격도 없는 사람이라는 것을 깨닫게 되었다. 함께 예배를 드림으로써 우리는 우리의 독단적인 자만에서 벗어나게 된다."[10]

8. 함께 기도하고, 찬양하고, 말씀을 듣고, 마음을 함께 나눌 때 하나님의 백성이 집단적으로 누리는 거룩한 감격이 있습니다. 함께 예배를 드릴 때 우리의 소망은 다시 힘을 얻으며, 주님에 대한 우리의 사랑은 더욱 깊어지고 새로워집니다. 이러한 은혜는 예수 믿는 공동체 속에서만 가능합니다. 당신이 지체들과 함께 예배 드릴 때 혼자서는 경험할 수 없었던 은혜를 받아 누린 적이 있다면 나누어 보고, 어떻게 하면 하나님께서 기뻐하시는 예배를 드릴 수 있을지 생각해 봅시다.

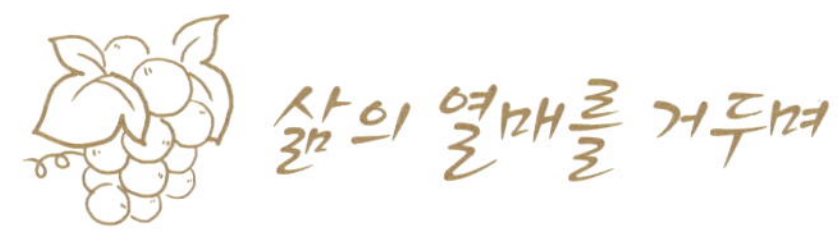

신앙생활의 성패는 예배에 달려있습니다. 하나님의 일로 바쁘다는 것을 예배를 드리는 것으로 오해해서는 안됩니다. 하나님의 일로 분주함 때문에 정작 하나님을 예배하는 시간을 빼앗기는 우를 범하지 않도록 하십시오. 특별히 하나님의 자녀들이 함께 드리는 예배에 하나님께서 임재 하신다는 약속을 붙잡으시기 바랍니다. 이런 점에서 공예배의 중요성은 아무리 강조해도 지나치지 않습니다. 공예배와 생활 예배는 신자의 삶을 비상하게 하는 두 날개와 같습니다. 남은 일생을 무엇보다 진정한 예배자로 살아가겠다는 각오를 심비에 새기고, 또 그렇게 살도록 성령의 도우심을 구하는 기도를 드립시다.

※ 본 교재에서 사용된 예화들은 다음 저자의 글을 인용하거나 필요에 따라 다듬은 것입니다.

1) 찰스 스펄전 「묵상록」

2) 조쉬 맥도웰 · 션 맥도웰 「성경을 경험하라」

3) A.W.토저 「홀리스피리트」

4) 존 오트버그 「생각보다 가까이 계시는 하나님」

5) 필립 얀시 「놀라운 하나님의 은혜」

6) 필립 얀시 「맥 잡는 성경읽기」

7) 어윈 맥머너스 「코뿔소 교회가 온다」

8) 빌 하이벨스 「예수를 전염시키는 사람들」

9) 옥한흠 「요한이 전한 복음 3」

10) 릭 워렌 「공동체를 세우는 삶」